QUELQUES CONSIDÉRATIONS

SUR LES

MOUVEMENTS DE LA POPULATION

DANS LE

DÉPARTEMENT DES VOSGES

PAR

C. CLAUDOT

Inspecteur adjoint des Forêts
Membre de la Société d'Émulation des Vosges.

Lorsque l'on jette les yeux sur les résultats des dénombrements successifs de la population, en France, on est frappé de la progression irrésistible qui se manifeste, d'une façon générale, dans le mouvement d'abandon des campagnes.

L'émigration des populations rurales vers les villes se poursuit en effet depuis longtemps avec une régularité si parfaite qu'on a pu prévoir l'époque probable et peu éloignée où l'élément urbain, qui ne représentait en 1846 que le quart de la population totale, viendra exactement balancer l'élément rural. Que l'on en juge par le tableau suivant, où l'on a distingué les communes en rurales et urbaines, suivant que leurs populations *agglomérées* étaient inférieures ou supérieures à 2,000 habitants (1).

____

(1) Les chiffres de ce tableau sont officiels et ont été empruntés, comme une grande partie de ceux qui figureront dans la suite de notre travail, aux résultats statistiques publiés par le ministère du commerce à la suite de chaque dénombrement quinquennal.

ANNÉE du DÉNOMBRE-MENT	POPULATION			PROPORTION POUR 100 de la POPULATION DES COMMUNES	
	DES COMMUNES urbaines	DES COMMUNES rurales	TOTALE	URBAINES	RURALES
	hab.	hab.	hab.		
1846	8,616,743	26,753,743	35,400,486	24,42	75,58
1851	9,135,459	26,647,711	35,783,170	25,52	74,48
1856	9,844,828	26,294,536	36,139,364	27,31	72,69
1861	10,789,766	26,596,547	37,386,313	28,86	71,14
1866	11,595,348	26,471,716	38,067,064	30,46	69,54
1872	11,234,899	24,868,022	36,102,921	31,06	68,94
1876	11,977,396	24,928,392	36,905,788	32,44	67,56
1881	13,096,542	24,575,506	37,672,048	34,76	65,24
1886	13,766,508	24,452,395	38,218,903	35,95	64,05
1891	14,311,292	24,031,900	38,343,192	37,33	62,67

Étant donné qu'en 45 ans l'écart entre les chiffres des populations urbaines et rurales a diminué de moitié d'une façon uniforme, il n'est pas téméraire d'admettre que, vers 1930, toutes choses égales d'ailleurs, ces deux populations puissent arriver au même chiffre de 20 à 22 millons d'habitants chacune.

Toutefois, ces déplacements de population ne s'étant pas opérés dans toutes les régions de la France avec la même intensité, la pensée nous est venue d'étudier dans quelle mesure le département des Vosges a subi la loi commune.

Les pertes territoriales éprouvées à la suite de la guerre de 1870-71 dans l'arrondissement de Saint-Dié, l'impulsion donnée, surtout depuis cette époque, à la propagation de l'industrie, dans la région montagneuse notamment, les nombreuses crises dont l'agriculture vosgienne n'a pas été exempte, la création, de 1874 à 1889, du camp retranché d'Epinal et des forts de la Haute-Moselle, enfin la construction depuis 1858 d'un réseau complet de voies ferrées sont autant d'éléments qui ont dû influer d'une manière sensible sur la répartition de la population de notre département.

L'étude de cette question nous a paru présenter un intérêt d'autant plus grand qu'elle n'a fait l'objet, à notre connaissance, d'aucune publication (1). L'article « Population » qui devait figurer au tome IV de l'ouvrage *Le Département des Vosges*, paru en 1889, n'a pas encore, en effet, vu le jour.

Pour nous guider dans nos recherches statistiques, nous avons eu recours aux précieux renseignements contenus dans la collection de l'*Annuaire des Vosges*, qui a été rédigé successivement par Ch. Charton, A. Égal et M. Léon Louis.

Les mouvements de la population vosgienne pendant les années écoulées de 1790, époque de l'organisation du département, jusqu'en 1846 ont été étudiés avec soin par Ch. Char-

---

(1) M. Chevreux, archiviste départemental à Epinal, a présenté à l'Exposition de 1889 un tableau synoptique colorié des mouvements de la population vosgienne, dont les résultats paraissent conformes aux nôtres. Ce travail a valu à son auteur une médaille d'argent.

ton. (1) Aussi ne remonterons-nous pas au-delà du dénombrement quinquennal de 1846 pour établir nos comparaisons.

Dans le tableau suivant nous avons groupé, par arrondissement et par canton, les résultats des recensements qui ont été effectués tous les dix ans pendant la période de 50 années (1846 à 1896). Nous avons pris soin, en outre, d'indiquer les écarts, en plus ou en moins, que nous constations dans le chiffre de la population de chaque canton, du commencement à la fin de ce long intervalle.

Les tableaux figurant, comme pièces justificatives, à la suite de notre travail, donnent les mêmes indications pour chacune des communes actuelles du département. Nous avons tenu compte naturellement de l'annexion à l'Allemagne de 18 communes en 1871 (partie des cantons de Saâles et de Schirmeck) (2), de la création, depuis 1846, des quatre communes du Thillot, du Girmont-Val-d'Ajol, de Vecoux et de Chantraine, ainsi que de la réunion de l'ancienne commune de Graux à celle de Tranqueville. Le département, qui comprenait, en 1846, 30 cantons et 546 communes, ne renferme plus aujourd'hui, par suite de ces modifications, que 29 cantons et 531 communes.

---

(1) Le *Département des Vosges*. Statistique historique et administrative par H. LEPAGE et Ch. CHARTON. (Deuxième partie) 1846.

(2) En vertu de la convention additionnelle au traité de paix, des 21-31 juillet 1871, sept communes du canton de Saâles (Bourg Bruche, Colroy-la-Roche, Plaine, Ranrupt, Saâles, Saint-Blaise-la-Roche et Saulxures) et onze communes du canton de Schirmeck (Barembach, La Broque, Grandfontaine, Nutzviller, Neuviller, Rothau, Russ, Schirmeck, Waldersbach, Wildersbach et Wisches) ont été réunies au territoire allemand.

Les six communes restant de l'ancien canton de Saâles, auxquelles on a ajouté le petit village de Beulay pris au canton de Saint-Dié, ont formé le nouveau canton de Provenchères-sur-Fave. La commune de Raon-sur-Plaine, seule conservée du canton de Schirmeck, a été réunie à celui de Raon-l'Etape.

| CANTONS | CHIFFRE DE LA POPULATION LORS DU DÉNOMBREMENT DE : | | | | | | Différence pour la période de 50 ans (1846-1896) | |
	1846	1856	1866	1876	1886	1896	en plus	en moins
ARRONDISSEMENT D'ÉPINAL								
Bains	12,244	11,717	12 374	11,945	11 067	10,355	»	1,889
Bruyères.	17,862	17.268	17,214	16,946	15 818	17,065	»	797
Châtel.	10,970	10.925	10,831	11,780	13,466	15,495	4,525	»
Épinal.	24,913	22,376	23 629	27,652	34,920	41.885	18,972	»
Rambervillers . . .	18,551	17 434	17.677	17,244	16,623	15,746	»	2,405
Xertigny	17 216	16,618	17,206	16,390	15,412	13,903	»	3,313
Totaux. . .	99,356	96 338	98.931	101,957	107.306	114.449	23 497	8.404
ARRONDISSEMENT DE MIRECOURT								
Charmes	13 059	12 504	12,527	12 637	12,602	13 018	»	11
Darney	12,608	11,861	12 154	11,422	10 924	8,928	»	3 680
Dompaire.	12 858	11.793	11,793	11.224	10,723	9,447	»	3,411
Mirecourt.	15 632	14,224	14,843	13,836	13.479	12 537	»	3,095
Monthureux-sur-Saône.	8,138	7.315	7,432	6,765	6 580	5,567	»	2,571
Vittel	11.789	10,340	10.581	10.199	9,799	9.204	»	2,585
Totaux. . .	74,084	67.973	69 330	66,083	64,107	58 731	»	15,353
ARRONDISSEMENT DE NEUFCHATEAU								
Bulgnéville	12,342	10,576	10,652	10,460	9.340	8.546	»	3,776
Châtenois.	11,778	10 577	10 247	9,551	8.801	8.136	»	3,642
Coussey	9,247	8,506	8,264	7,704	7,871	6 816	»	2,431
Lamarche	16,363	14,153	14,031	13,234	12,628	11 393	»	4,970
Neufchâteau. . . .	16,035	15.226	15 399	16,171	17.713	15,903	»	132
Totaux. . .	65.745	59 038	58 596	57.120	56.353	50.794	»	14 951
ARRONDISSEMENT DE REMIREMONT								
. . .	[illegible]	[illegible]	[illegible]	[illegible]	[illegible]	13 699	»	42

ARRONDISSEMENT DE REMIREMONT

Plombières	13,741	12,900	13,978	14,288	14,493	13,699	»	42
Remiremont.	22,383	21,566	23,260	24,778	25,235	28,751	6,374	»
Saulxures.	18,781	20,550	20,589	20,865	21,068	21,604	2,823	»
Le Thillot Ramonchamp	16,301	15,340	15,787	16,741	17,976	18,847	2,546	»
Totaux. . .	71,206	70,356	73,614	76,672	78,772	82,907	11,743	42

ARRONDISSEMENT DE SAINT-DIÉ

Brouvelieures	4,601	4,457	4,507	4,438	3,963	3,558	»	1,043
Corcieux.	11,979	11,082	11,719	11,567	11,277	11,255	»	724
Fraize.	17,092	18,337	17,040	17,690	17,751	19,044	1,952	»
Gérardmer	6,654	6,366	6,961	7,204	7,478	9,351	2,697	»
Provenchères-sur-Fave	»	»	»	6,211	5,415	4,870	4,870	»
Raon-l'Etape	11,809	11,139	12,115	13,261	13,148	13,861	2,052	»
Saâles.	13,603	12,364	13,116	»	»	»	»	13,603
Saint-Dié.	23,442	22,619	24,559	28,828	30,364	34,202	10,760	»
Schirmeck	13,606	13,348	13,931	»	»	»	»	13,606
Senones	14,717	14,271	14,579	16,051	17,773	18,390	3,673	»
Totaux. . .	117,503	112,003	118,527	105,250	107,169	114,531	26,004	28,976
Totaux généraux. .	427,894	405,708	418,998	407,082	413,707	421,412	61,244	67,726

Balance :
— 6,482

L'examen du tableau qui précède et de ceux qui sont annexés à notre travail donne lieu aux constatations suivantes :

1º Bien que, dans son ensemble, le département paraisse avoir diminué, en 50 ans, de 6,482 habitants, ainsi que cela résulte de la balance des augmentations et des diminutions totales de la population, il s'en faut que cette différence se maintienne uniformément pour chaque arrondissement et encore moins pour chaque commune. D'ailleurs, si l'on néglige les 21,000 habitants que renfermaient les 18 communes prises par l'Allemagne, le surplus du département se serait accru en réalité de 14,518 individus.

2º Les arrondissements de Mirecourt et de Neufchâteau, qui forment la majeure partie de la *Plaine* des Vosges et où la la population se livre presque entièrement à l'agriculture, ont vu diminuer chacun le chiffre de leur population dans la proportion de 21 et 23 pour 100. Le canton le plus éprouvé a été celui de Monthureux-sur-Saône où la perte atteint le chiffre de 32 pour 100. Par contre, le nombre des habitants n'a guère varié pour l'ensemble des cantons de Charmes et de Neufchâteau, en raison de l'accroissement de la ville de Neufchâteau et de son faubourg, le village de Rouceux, ainsi que de la création d'établissements industriels dans les communes de Portieux, Charmes, Vincey et Liffol-le-Grand. Seule d'entre les villes des Vosges, Mirecourt, loin de s'accroître, a diminué d'importance pour des raisons multiples qu'il serait trop long d'énumérer et dont les principales sont la disparition presque complète de son marché de céréales, autrefois très florissant, et l'absence de toute garnison militaire.

La même constatation serait à faire pour l'arrondissement d'Epinal, qui comprend le surplus de la région agricole du département, si l'augmentation considérable de la population d'Epinal (131 pour 100), ainsi que des communes de Thaon (804 pour 100), Bruyères, Saint-Laurent, Golbey, Chantraine, Nomexy, Rambervillers, Chavelot, Lépanges et Igney, dans la plupart desquelles des établissements industriels ont été créés à des dates relativement récentes, ne venait changer le sens du résultat général.

Si l'on excepte les cantons de Plombières, Brouvelieures et Corcieux, où l'industrie n'a pénétré que partiellement (Le Val-d'Ajol, Le Girmont et Granges) d'une manière appréciable, les arrondissements de Remiremont et de Saint-Dié, qui sont presque exclusivement formés par la *région montagneuse* du département, ont une population très supérieure à celle qui s'y trouvait en 1846. Citons notamment les cantons de Gérardmer et de Saint-Dié, dont le chiffre des habitants s'est accru de 40 et 45 pour 100. Remarquons toutefois que la plupart des communes de la montagne qui, pour une raison quelconque, sont demeurées étrangères au mouvement industriel, si accentué depuis 1871, et dont les populations ont conservé leurs anciennes habitudes pastorales, ont perdu plus ou moins de leur importance. D'une manière générale, les fermes que l'on rencontre sur les chaumes comme dans les innombrables essarts de nos forêts et qui étaient autrefois habitées pendant la belle saison, souvent même pendant l'hiver, sont aujourd'hui pour la plupart abandonnées et transformées en greniers à fourrages, quand elles ne tombent pas en ruines.

3° On s'aperçoit, à la forte décroissance constatée en 1856, des effets de la guerre de Crimée (années 1855 et 1856) et de l'épidémie de choléra qui a sévi, en 1854, dans les arrondissements de Neufchâteau et de Mirecourt, ainsi que dans certains villages de l'arrondissement d'Epinal. Cette année terrible a présenté 15,423 décès contre 9,721 naissances, d'où un excédant de 5,702 décès.

La même observation serait à faire au sujet de l'influence de la guerre de 1870-71. Toutefois la forte natalité qui s'est produite pendant les années suivantes a réparé suffisamment les pertes subies pour qu'en 1876 elles n'apparaissent plus d'une façon bien évidente, à condition de tenir compte de l'annexion de 18 communes.

Nous donnons ci-dessous la liste, dans l'ordre de la quantité absolue de leurs accroissements ou de leurs pertes, des 41 communes qui ont gagné depuis 50 ans plus de 300 habitants, ainsi que des 33 autres, dont la population a diminué de plus de ce chiffre pendant la même période. Il va de soi que les premières sont surtout situées dans la région industrielle du département et les secondes plutôt dans la partie agricole.

On remarquera que l'ordre à suivre dans cette énumération serait tout autre, si on classait les communes d'après la quantité relative de leurs augmentations ou diminutions, en habitants. Un grand nombre de localités rurales, par exemple, ont éprouvé des pertes relativement bien plus sensibles que celles dont nous allons parler. De même, la commune de Sionne, qui n'occupe que le 25e rang dans notre tableau, serait, en ce cas, classée la première avec une perte énorme de 58 pour 100. (1)

Liste des 41 communes dont la population a augmenté, d'une façon absolue, de plus de 300 habitants dans l'intervalle de 50 ans (1846-1896).

	Habit.		Habit.
1. Epinal	15,040	Report.	46,149
2. Saint-Dié	12,614	10. Golbey	1,708
3. Remiremont	5,049	11. Rouceux	1,614
4. Thaon-l.-Vosges	3,811	12. Gérardmer	1,593
5. Cornimont	2,276	13. Le Thillot - Ramonchamp	1,549
6. Bruyères	1,928	14. Senones	1,538
7. Moyenmoutier	1,884	15. Plainfaing	1,471
8. Saint-Laurent	1,811	16. Fraize	1,369
9. Saint-Etienne	1,736	17. Granges	1,320
A reporter.	46,149	A reporter.	58,311

(1) La diminution considérable de la population de Sionne tient surtout à la disparition d'une usine métallurgique assez prospère autrefois. Il existe encore sur le territoire de cette commune des écarts portant les noms significatifs de « La Forge », « Le Martinet ».

	Habit.		Habit.
Report. . .	58,311	Report . . .	68,881
18. La Bresse. . .	1,265	29. Saint - Maurice -	
19. Portieux . . .	1,231	sur-Moselle. .	695
20. La Neuveville-		30. Etival	678
les-Raon . .	1,092	31. Charmes . . .	621
21. Les Forges-Chan-		32. Saint-Amé . .	533
traine . . .	1,059	33. Chavelot . . .	513
22. Nomexy . . .	929	34. Lépanges . . .	488
23. Le Val - d'Ajol-		35. Anould. . . .	473
Girmont . .	928	36. Vincey. . . .	421
24. Raon-l'Etape. .	862	37. Neufchâteau . .	404
25. Eloyes. . . .	849	38. Plombières - les-	
26. La Petite-Raon .	840	Bains . . .	400
27. Rambervillers. .	806	39. Igney	371
28. Moussey . . .	709	40. Bussang . . .	325
		41. Pouxeux . . .	312
À reporter . .	68,881	Augmentation totale.	75,115

Liste des 33 communes dont la population a diminué, d'une façon absolue, de plus de 300 habitants dans l'intervalle de 50 ans (1846-1896).

	Habit.		Hab't.
1. Hadol . . , .	924	Report. . .	5,544
2. Bellefontaine . .	924	9. Darney. . . .	538
3. Saint-Nabord. .	705	10. Escles . . .	537
4. Claudon . . .	621	11. Dompaire . . .	506
5. Le Clerjus. . .	604	12. Vagney. . . .	501
6. Raon-aux-Bois .	602	13. Mirecourt . . .	458
7. La Chapelle-aux-		14. Châtenois . . .	414
Bois	594	15. Tendon. . . .	405
8. Ban-sur-Meurthe	570	16. Vrécourt . . .	401
A reporter . .	5,544	A reporter . .	9,334

	Habit.		Habit.
Report. . . .	9,334	Report	12,609
17. Champdray. . . .	393	26. Domptail . . .	337
18. Uriménil . . .	384	27. Le Ménil . . .	329
19. Attigny. . . .	383	28. Cheniménil. . .	311
20. La Chapelle . .	377	29. Houécourt. . .	311
21. Harsault . . .	361	30. Gerbépal . . .	309
22. Remoncourt . .	350	31. Monthureux - le -	
23. Bleurville . . .	345	Sec	307
24. Harol	344	32. Landaville. . .	304
25. Sionne	338	33. Liézey	300
A reporter . .	12,609	Diminution totale. .	15,117

Les résultats que nous a livrés la comparaison des dénombrements successifs des différentes régions du territoire vosgien sont pleinement confirmés par les classifications qui ont été faites de la population, suivant les professions, et qui sont résumées ci-après, en chiffres officiels, pour la période de 15 ans (1876-1891). Nous aurions désiré rapprocher les chiffres trouvés en 1876 de ceux qui ont été obtenus au dernier recensement de 1896, mais ceux-ci ne sont pas encore connus et nous avons dû nous arrêter à l'année 1891.

NATURE DE LA PROFESSION	CHIFFRE DE LA POPULATION LORS DU DÉNOMBREMENT DE			DIFFÉRENCE POUR LA PÉRIODE de 15 ans (1876-1891)		PROPORTION POUR 100 de	
	1876	1881	1891	en plus	en moins	l'augmentation	la diminution
	Habitants	Habitants	Habitants	Habitants	Habitants		
Agriculture	209,204	189,176	165 091	»	44,113	»	21
Industrie.	123,564	131,253	149,851	26,287	»	21	»
Commerce et transports.	28,140	35,012	37,365	9,225	»	33	»
Professions libérales et force publique.	16,070	23.505	28,875	12,805	»	80	»
Personnes vivant exclusivement de leurs revenus. (Rentiers. Pensionnés de l'Etat.)	22,291	18,380	18 939	»	3,352	»	15
Mendiants. Vagabonds. Professions inconnues.	7,813	6,886	10,075	2,262	»	29	»
Totaux	407,082	404,212	410 196	50,579	47.465		

Balance
+ 3,114

Ainsi donc, en 15 ans, la population vivant de l'agriculture a diminué de 44,113 habitants, soit de 21 p. 100, tandis que, pendant le même temps, celle qui se livre à l'industrie a augmenté de 26,287 individus, soit dans la même proportion de 21 p. 100. Le développement du commerce (négociants en gros et au détail, banquiers, hôteliers, cafetiers) et des moyens de transport (personnel des chemins de fer et autres entreprises de transport par terre et canaux) a, en outre, donné de l'occupation à 9,225 personnes de plus en 1891 qu'en 1876.

Les habitants qui composent la force publique (armée, gendarmerie et police) et ceux qui s'adonnent aux professions libérales (y compris les fonctionnaires de toutes sortes, les ministres des divers cultes et les membres des commnnautés religieuses) ont vu leur nombre s'augmenter de 12,805, soit de 80 p. 100. Par contre, il n'est pas étonnant, en raison de la baisse générale des revenus, que la proportion des rentiers vivant sans travailler ait sensiblement diminué (15 p. 100).

Pour ne pas donner à notre travail une étendue excessive, nous nous bornerons à l'examen des résultats statistiques qui précèdent, laissant à dessein de côté tout ce qui a trait au classement de la population vosgienne d'après le lieu de naissance, la nationalité (française ou étrangère), le sexe (masculin ou féminin), l'état civil (mariés, veufs, célibataires), l'âge (enfants, adultes, vieillards), le nombre d'habitants par kilomètre carré, suivant qu'elle est sédentaire ou de passage, qu'elle habite des maisons à un seul ou à plusieurs étages, etc., etc... Les comparaisons que l'on pourrait établir à ces divers points de vue présenteraient cependant beaucoup d'intérêt et nous ne doutons pas qu'elles fassent un jour l'objet d'une étude approfondie. Ainsi serait comblée cette lacune regrettable que nous avons signalée dans notre importante encyclopédie départementale.

Nous voulons surtout retenir de nos recherches que la population des Vosges n'a pas échappé à la règle générale que nous rappelions en commençant. Comme dans toute la France, les campagnes se dépeuplent de plus en plus au profit des villes, mais dans notre région ce mouvement se double de celui qui porte vers l'industrie les habitants de la montagne et de certaines parties de la plaine.

L'admirable essor donné depuis 25 ans à l'industrie vosgienne, à celle du coton surtout, a été décrit de main de maître, dans un travail très documenté, par notre illustre compatriote, M. Henry Boucher, aujourd'hui ministre du commerce. (1) La multiplication du nombre des usines a été surtout un immense bienfait pour la région montagneuse, si déshéritée sous le rapport du sol et du climat. Attirés par l'abondance de ses cours d'eau rapides, éminemment aptes à fournir des forces hydrauliques, ainsi que par le bas prix de la main-d'œuvre, les industriels ont pénétré jusque dans les vallées les plus reculées de la montagne, donnant aux habitants, en échange de leur travail, une prospérité qu'ils ne connaissaient pas auparavant.

Que ne peut-on en dire autant de la situation de nos petits agriculteurs vosgiens ! S'ils abandonnent de plus en plus les champs, comme le démontrent trop bien les statistiques, laissant leurs villages à moitié déserts, c'est que la plupart, écrasés sous le faix trop lourd des impôts, ayant à lutter contre une foule d'ennemis, depuis les innombrables parasites du sol jusqu'aux quatre vents du ciel, manquant du crédit nécessaire pour améliorer leurs exploitations, ne nourrissent plus qu'avec peine leurs familles du produit de leur travail et demandent à d'autres occupations une rémunération suffisante de leurs peines.

Elle est cependant bien intéressante cette classe des petits propriétaires ruraux. Si attachés en général au domaine qu'ils

---

(1) *Le Département des Vosges.* Industrie et commerce par Henry Boucher. Tome V. 1889.

ont acquis au prix de labeurs pénibles, d'incessantes privations et qui n'est entre leurs mains qu'un instrument de travail, un outil de plus, ils sont éminemment dignes de toute la sollicitude de nos gouvernants.

Ce sera l'honneur de notre grand homme d'Etat vosgien, M. Méline, d'avoir appelé l'un des premiers l'attention sur la situation du cultivateur français et d'avoir travaillé avec ardeur au relèvement de la petite propriété rurale, qui sera notre dernier boulevard, notre forteresse la plus puissante contre le flot montant du socialisme et de l'anarchie.

Parmi toutes les mesures qu'il a provoquées pour atteindre son but, la plus féconde en résultats sera sans contredit le projet de loi qu'il vient de soumettre à la Chambre des députés et qui tend à la *création de caisses régionales de crédit agricole mutuel*. Grâce à la somme de 40 millions que la Banque de France avance, sans intérêt, à ces caisses, pour prix du renouvellement de son privilège, grâce à la redevance annuelle de 2 millions qu'elle versera, en outre, au Trésor, pour leur être attribuée, la loi nouvelle apporte à l'agriculture ce qui lui manquait surtout : l'argent à bon marché. Elle donne aux syndicats le moyen de se développer et de faire d'une façon plus large les opérations par lesquelles ils rendent déjà de si grands services à la classe rurale.

« Cette loi, dit M. Gomot, est faite non pour les grandes exploitations, mais pour la petite culture. Elle s'adresse de préférence à celui qui possède quelques arpents de terre, qui les cultive et qui vit sur le sol avec sa famille. Elle s'adresse à l'ouvrier rural qui travaille pour acquérir et qui, grâce à son économie, sera propriétaire demain. Elle les arrache l'un et l'autre à la tyrannie des prêteurs d'argent, à la cupidité des agents d'affaires, à la rapacité des exploiteurs qui vivent à leurs dépens depuis des siècles. Elle leur dit : « Voici de l'argent pour rien ou pour presque rien. Faites-le fructifier. Vous le rendrez quand vous aurez vendu ou réalisé vos récoltes. Et maintenant que vous avez dans vos mains le crédit, ce grand moteur du labeur fécond, travaillez librement pour vous, pour la famille, pour la prospérité du pays ».

En votant le projet de loi tel qu'il est présenté par M. Méline, le Parlement favorisera considérablement l'extension du système coopératif dans les campagnes, qui sera le plus puissant levier du relèvement de l'agriculture.

Le jour où le paysan, qui est naturellement timide et défiant, aura été encouragé par les crédits qui vont être votés pour lui venir en aide, il comprendra, nous l'espérons, l'utilité qui résultera pour lui d'une association avec ses voisins en vue de l'écoulement de la production agricole, de l'achat des engrais et des instruments perfectionnés, de la préservation des récoltes contre les parasites de toutes sortes et les fléaux du ciel, de la création de laiteries et de fruitières, etc..., etc...

Témoin des nombreux efforts faits par les pouvoirs publics pour arriver à améliorer son sort (création de tarifs protecteurs, loi du 21 juillet 1897 prescrivant des remises sur les cotes foncières de 25 francs et au-dessous ; secours accordés à diverses reprises aux victimes de la grêle, etc...), il comprendra que le moment est venu de reprendre espoir et de travailler, dans la mesure de ses moyens et avec une activité nouvelle, à la prospérité de son exploitation, à celle de l'agriculture française.

Nous assisterons alors dans les Vosges à la fin de la crise dont nous parlions plus haut et qui va toujours en s'accentuant. Alors se repeupleront nos villages, aujourd'hui si décimés, et disparaîtront de nos territoires toutes ces terres incultes qui apparaissent en taches si désolantes au milieu de nos cultures.

En terminant, nous dirons quelques mots de l'une des causes qui, après l'émigration vers les villes, ont le plus contribué à la dépopulation des campagnes. Nous voulons parler de la diminution toujours croissante du chiffre des mariages (3,238 en 1896 contre 5,260 en 1836) et des naissances (10,612 en

1896 contre 13,063 en 1836). Chacun a pu le constater, dans nos villages de la plaine surtout, telle localité, où le nombre des naissances est dérisoire aujourd'hui, comptait à une époque qui n'est pas bien éloignée, plusieurs familles possédant de 7 à 12 enfants et une quantité relativement peu importante de célibataires.

Ce changement dans les mœurs est d'autant plus funeste à l'agriculture que nos cultivateurs, ne trouvant plus une aide suffisante dans leur famille, sont obligés d'avoir recours aux travailleurs salariés devenus rares et de dépenser ainsi une grande partie de leurs bénéfices.

Une foule de réformes ont été préconisées jusqu'alors pour remédier à la dépopulation des campagnes, en ce qui touche à la diminution des naissances. L'une de celles qui nous paraîtraient devoir s'opérer sans grande difficulté et être comptées parmi les plus efficaces, dans notre département surtout, qui est l'un des plus boisés de la France (1), consisterait à partager l'affouage entre les habitants de chaque commune, non plus par *feu* ou *chef de famille* comme le prescrit l'art. 105 du Code forestier, mais par *tête* (enfants compris), ainsi que cela se pratiquait sous le régime de la loi du 10 juin 1793. Si l'on objectait que ce dernier mode de partage est injuste, parce que le bois de chauffage se consomme plutôt suivant le nombre des feux que d'après la quantité des individus qui se peuvent chauffer au même foyer, on pourrait répondre que le partage *par feu* n'est pas plus juste au fond ; en effet, dans une famille composée de 12 personnes, par exemple, il faut annuellement une plus grande quantité de bois de chauffage que dans celle où il n'y a qu'un ou deux individus.

Le retour pur et simple à l'ancienne législation, en matière

(1) Le département des Vosges, qui n'occupe que le troisième rang, après les Landes et le Var, sous le rapport de la superficie boisée totale, est celui qui renferme la plus grande étendue de forêts appartenant aux communes et aux sections de communes (environ 117,000 hectares).

de partage d'affouage, aurait surtout le grand mérite de pousser à la repopulation (1). En protégeant et en favorisant de cette manière les familles nombreuses, le législateur ne ferait que rendre justice à ceux qui ne cherchent pas à se soustraire aux charges sociales.

(1) Le droit à l'affouage est toujours en effet un avantage, d'importance plus ou moins grande, il est vrai. Le nombre des communes vosgiennes où l'affouagiste réalise un bénéfice annuel de 50 à 100 francs sur son lot est encore assez élevé.

COMMUNES ACTUELLES

DU

DÉPARTEMENT DES VOSGES

CLASSÉES

PAR ARRONDISSEMENT ET PAR CANTON

MOUVEMENTS DE LA POPULATION

de 1846 à 1896

NOMS DES COMMUNES	POPULATION		SUPER-FICIE du territoire en hectares	DIFFÉRENCE de population	
	en 1846	en 1896		en plus	en moins
Arrondissement d'Epinal					
(6 cantons, 127 communes)					
BAINS					
Bains-les-Bains	2,608	2,487	2.511	»	121
Fontenoy-le-Château. . .	2,117	2 133	3,455	16	»
Grandrupt.	400	264	356	»	136
Gruey-les-Surance . . .	1,607	1 358	2 631	»	249
Harsault	1 314	953	1,070	»	361
Hautmougey	535	483	792	»	52
Haye (La)	818	683	734	»	135
Magny (Le)	190	138	364	»	52
Montmotier.	190	120	421	»	70
Trémonzey.	914	661	907	»	253
Vioménil	735	485	2,287	»	250
Voivres (Les)	816	590	1,204	»	226
Total du canton . .	12,244	10,355	16,842		
BRUYÈRES					
Aydoilles.	880	630	1,000	»	250
Beauménil	176	128	331	»	48

| NOMS DES COMMUNES | POPULATION | | SUPER-FICIE du territoire en hectares | DIFFÉRENCE de population | |
	en 1846	en 1896		en plus	en moins
Boulay (Le)	212	154	336	»	58
Bruyères	2,494	4,422	1,613	1,928	»
Bult	442	338	986	»	104
Champ-le-Duc	332	310	392	»	22
Charmois-devant-Bruyères	575	449	661	»	126
Cheniménil	1,066	755	928	»	311
Destord	318	251	504	»	67
Deycimont	402	302	632	»	100
Docelles	1,126	974	875	»	152
Dompierre	409	302	888	»	107
Fays	260	276	483	16	»
Fiménil	463	339	513	»	124
Fontenay	635	457	647	»	178
Girecourt	481	378	692	»	103
Grandvillers	1,077	1,041	1,746	»	36
Gugnécourt	344	240	511	»	104
Laval	443	360	358	»	83
Laveline-devant-Bruyères	249	305	299	56	»
Laveline-du-Houx	724	470	821	»	254
Lépanges	821	1,309	757	488	»
Méménil	323	206	915	»	117
Neuveville-d‑Bruyères (La)	258	211	305	»	47
Nonzeville	124	92	162	»	32
Padoux	857	600	1,936	»	257
Pierrepont	278	163	623	»	115
Prey	141	134	213	»	7
Roulier (Le)	290	180	567	»	110
Sainte-Hélène	767	580	1,707	»	187
Saint-Jean-du-Marché	219	153	246	»	66
Viménil	344	307	805	»	37
Xamontarupt	332	248	500	»	84
Total du canton	17,862	17,065	23,943		

CHATEL

NOMS DES COMMUNES	en 1846	en 1896	hectares	en plus	en moins
Badménil-aux-Bois	383	263	920	»	120
Bayecourt	292	263	690	»	29

NOMS DES COMMUNES	POPULATION		SUPER-FICIE du territoire en hectares	DIFFÉRENCE de population	
	en 1816	en 1896		en plus	en moins
Châtel	1,375	1,351	1,167	»	24
Chavelot	321	834	614	513	»
Damàs-aux-Bois	890	666	2,947	»	224
Domèvre-sur-Durbion	509	433	1,252	»	76
Frizon	652	621	1,175	»	31
Gigney	223	144	509	»	79
Girmont	483	549	1,239	66	»
Hadigny-les-Verrières	422	403	1,367	»	19
Haillainville	513	411	1,223	»	102
Igney	405	776	759	371	»
Mazelev	513	442	1,040	»	71
Moriville	739	763	2,502	24	»
Nomexy	579	1 508	798	929	»
Oncourt	164	124	394	»	40
Pallegney	295	238	593	»	57
Rehaincourt	639	488	1,522	»	151
Sercœur	249	237	918	»	12
Thaon-les-Vosges	474	4,285	1,137	3,811	»
Vaxoncourt	487	440	843	»	47
Villoncourt	192	140	640	»	52
Zincourt	171	116	447	»	55
Total du canton	10,970	15,495	24,696		
ÉPINAL					
Arches	1,466	1,443	1,750	»	23
Archettes	609	548	1,391	»	61
Baffe (la)	673	512	901	»	161
Chantraine	898	1,894	695	1,059	»
Forges (Les)		563	624		
Chaumousey	369	359	1,005	»	10
Darnieulles	472	491	936	19	»
Deyvillers	600	550	878	»	50
Dignonville	270	182	592	»	88
Dogneville	746	908	1,146	162	»
Domèvre-sur-Avière	423	263	916	»	160

NOMS DES COMMUNES	POPULATION		SUPER-FICIE du territoire en hectares	DIFFÉRENCE de population	
	en 1846	en 1896		en plus	en moins
Dommartin-aux-Bois	932	710	1,570	»	222
Epinal	11 485	26 525	4,269	15,040	»
Fomerey	180	161	503	»	19
Girancourt	800	741	1,786	»	59
Golbey	603	2,311	952	1 708	»
Jeuxey	468	614	850	146	»
Longchamp	302	347	1 026	45	»
Renauvoid	209	146	1,010	»	63
Saint-Laurent	560	2,371	1,993	1,811	»
Sanchey	225	182	551	»	43
Uxegney	432	450	894	18	»
Vaudéville	191	114	322	»	77
Total du canton	22,913	41,885	26 480		
RAMBERVILLERS					
Anglemont	238	187	598	»	51
Autrey	410	403	1,742	»	7
Bazien	288	188	321	»	100
Bru	835	668	895	»	167
Clézentaine	521	413	1,307	»	108
Deinvillers	136	104	560	»	32
Domptail	1,081	744	1,861	»	337
Doncières	288	200	764	»	88
Fauconcourt	286	239	490	»	47
Hardancourt	99	78	333	»	21
Housseras	896	728	1 961	»	168
Jeanménil	1,031	868	1,824	»	163
Ménarmont	329	176	524	»	153
Ménil-Rambervillers	623	487	861	»	136
Moyemont	464	409	1 230	»	55
Nossoncourt	364	230	534	»	134
Ortoncourt	304	229	439	»	75
Rambervillers	4 900	5,706	2,084	806	»
Romont	673	451	1,926	»	222
Roville-aux-Chênes	456	332	859	»	124
Sainte-Barbe	804	599	3,039	»	205

NOMS DES COMMUNES	POPULATION		SUPER-FICIE du territoire en hectares	DIFFÉRENCE de population	
	en 1846	en 1896		en plus	en moins
Saint-Benoît	990	761	2,077	»	229
Saint-Genest	361	235	626	»	126
Saint-Gorgon	207	174	576	»	33
St-Maurice-sur-Mortagne .	294	229	678	»	65
Saint-Pierremont. . .	363	259	550	»	104
Vomécourt..	277	273	702	»	4
Xaffévillers.	524	376	843	»	148
Total du canton. . .	18,151	15 746	30,186		
XERTIGNY					
Chapelle-aux-Bois (la) . .	2,518	1 924	3,078	»	594
Charmois-l'Orgueilleux . .	1,248	1,060	3,592	»	188
Clerjus (le).	2,560	1,956	3,259	»	604
Dounoux	615	525	923	»	90
Hadol.	3,162	2,238	4,903	»	924
Uriménil.	1,586	1,202	1 562	»	384
Uzemain.	1,656	1,410	2,730	»	246
Xertigny	3,871	3 588	5 734	»	283
Total du canton. . .	17,216	13 903	25 012		

Arrondissement de Mirecourt

(6 cantons, 142 communes)

NOMS DES COMMUNES	POPULATION		SUPER-FICIE du territoire en hectares	DIFFÉRENCE de population	
	en 1846	en 1896		en plus	en moins
CHARMES					
Avillers	416	284	690	»	132
Avrainville	223	133	457	»	90
Battexey. . . .	126	99	272	»	27
Bettoncourt . . .	241	166	318	»	75
Bouxurulles . . .	543	347	671	»	196
Brantigny	266	165	301	»	101
Chamagne	643	506	1,489	»	137
Charmes	3,023	3,644	1 337	621	»
Essegney. . . .	458	475	840	17	»
Evaux-et-Ménil . .	334	259	500	»	75
Florémont	471	368	809	»	103

NOMS DES COMMUNES	POPULATION		SUPER-FICIE du territoire en hectares	DIFFÉRENCE de population	
	en 1840	en 1806		en plus	en moins
Girecourt-les-Viéville. . .	703	440	863	»	263
Hergugney.	404	284	546	»	120
Langley.	97	93	272	»	4
Marainville.	237	136	479	»	101
Pont-sur-Madon	283	191	341	»	92
Portieux	1,285	2,516	772	1.231	»
Rapey	97	50	303	»	47
Rugney.	367	188	573	»	179
Savigny.	499	291	617	»	208
Socourt.	411	338	385	»	73
Ubexy	380	291	501	»	89
Varmonzey.	93	50	257	»	43
Vincey	1,017	1,438	1.280	421	»
Vomécourt.	99	73	353	»	26
Xaronval.	343	223	23	»	120
Total du canton. . .	13,059	13,048	16,750		
DARNEY					
Attigny.	898	513	1,603	»	383
Belrupt.	387	248	914	»	139
Bonvillet	533	411	1,010	»	122
Darney	1,968	1,430	791	»	538
Dombasle-devant-Darney .	509	325	874	»	184
Dommartin-les-Vallois . .	75	72	493	»	3
Escles	1,564	1,027	2,254	»	537
Esley	492	366	1,099	»	126
Frenois.	233	150	494	»	83
Hennezel	1 627	1,350	3,212	»	277
Jésonville	421	275	695	»	146
Lerrain.	926	666	1,265	»	260
Pierrefitte	404	267	877	»	137
Pont-les-Bonfays . . .	199	149	447	»	50
Provenchères-les-Darney. .	401	254	907	»	147
Relanges.	609	510	1 387	»	99
Saint-Baslemont . . .	360	294	1 271	»	66

NOMS DES COMMUNES	POPULATION		SUPER-FICIE du territoire en hectares	DIFFÉRENCE de population	
	en 1846	en 1896		en plus	en moins
Sans-Vallois	215	176	443	»	39
Senonges	559	309	584	»	250
Vallois (Les)	228	136	525	»	92
Total du canton. . .	12,608	8,928	21,145		
DOMPAIRE					
Ableuvenettes (les) . . .	256	163	448	»	93
Ahéville.	228	176	584	»	52
Bainville-aux-Saules. . .	310	288	561	»	22
Bazegney	359	262	581	»	97
Begnécourt.	354	236	448	»	118
Bettegney-Saint-Brice . .	362	260	534	»	102
Bocquegney	193	140	457	»	53
Bouxières-aux-Bois . . .	305	249	768	»	56
Bouzemont.	291	179	497	»	112
Circourt	338	237	593	»	101
Damas-et-Bettegney . . .	760	549	1 507	»	211
Derbamont.	486	298	683	»	188
Dompaire	1,642	1,106	1,663	»	536
Gelvécourt-et-Adompt . .	267	182	378	»	85
Gorhey	187	151	631	»	36
Gugney-aux-Aulx. . .	614	498	867	»	116
Hagécourt	395	217	760	»	148
Harol	1 252	908	2,734	»	344
Hennecourt	355	320	718	»	35
Jorxey	292	226	540	»	66
Légéville.	197	114	521	»	83
Madegney	198	154	305	»	44
Madonne-et-Lamerey. . .	515	405	702	»	110
Maroncourt.	75	30	224	»	45
Racécourt	305	248	723	»	57
Regney	223	153	390	»	70
Saint-Vallier	198	116	444	»	82
Vaubexy	570	430	652	»	140
Velotte-et-Tatignécourt . .	315	261	535	»	54
Ville-sur-Illon. . . .	1,016	861	1,789	»	148
Total du canton. . .	12 858	9,447	22,234		

NOMS DES COMMUNES	POPULATION		SUPER-FICIE du territoire en hectares	DIFFÉRENCE de population	
	en 1846	en 1896		en plus	en moins
MIRECOURT					
Ambacourt.	376	288	676	»	93
Baudricourt	274	260	348	»	14
Biécourt.	258	171	594	»	87
Blémerey	128	77	248	»	51
Boulaincourt	153	97	252	»	56
Chauffecourt	72	53	189	»	19
Chef-Haut	208	156	818	»	52
Dombasle-en-Xaintois	287	228	471	»	59
Domvallier.	228	170	824	»	58
Frenelle-la-Grande	352	230	552	»	122
Frenelle-la-Petite.	150	100	349	»	50
Hymont.	310	301	417	»	9
Juvaincourt.	603	406	882	»	197
Mattaincourt	1,123	944	695	»	179
Mazirot.	371	257	655	»	114
Ménil-en-Xaintois.	273	201	423	»	72
Mirecourt	5,521	5 063	1,212	»	458
Oëlleville	614	459	1,008	»	155
Poussay.	652	497	868	»	155
Puzieux.	252	179	542	»	73
Ramecourt.	239	167	326	»	72
Remicourt.	208	120	423	»	88
Repel	255	166	346	»	85
Rouvres-en-Xaintois	700	503	1,119	»	197
Saint-Menge.	420	244	665	»	176
Saint-Prancher	278	200	442	»	78
Thiraucourt	210	142	301	»	68
Totainville.	309	236	500	»	73
Vallercy-aux-Saules.	263	220	502	»	43
Villers	283	206	497	»	77
Vroville.	260	201	683	»	59
Total du canton.	15,632	12,537	16,827		

NOMS DES COMMUNES	POPULATION		SUPER-FICIE du territoire en hectares	DIFFÉRENCE de population	
	en 1846	en 1836		en plus	en moins
MONTHUREUX-SUR-SAONE					
Ameuvelle	285	183	556	»	102
Belmont	294	202	399	»	92
Bleurville	979	634	2,023	»	345
Claudon	1,400	779	2,172	»	621
Fignévelle	258	142	440	»	116
Gignéville	274	156	558	»	118
Godoncourt	715	499	1,138	»	216
Martinvelle	688	474	2,111	»	214
Monthureux-sur-Saône	1,693	1,511	1,902	»	182
Nonville	551	324	881	»	227
Regnévelle	544	402	846	»	142
Viviers-le-Gras	457	261	904	»	196
Total du canton	8,138	5,567	14,263		
VITTEL					
Bazoilles-et-Ménil	351	254	577	»	97
Contrexéville	711	854	1,215	143	»
Dombrot-le-Sec	657	540	1,889	»	117
Domèvre-sous-Montfort	213	137	328	»	76
Domjulien	670	441	888	»	229
Estrennes	340	244	599	»	96
Gemmelaincourt	436	277	742	»	159
Girovillers-s.-Montfort	196	124	306	»	72
Haréville	353	275	656	»	78
Lignéville	554	392	1,253	»	162
Madecourt	217	164	449	»	53
Monthureux-le-Sec	606	299	1,135	»	307
Neuveville-s-Montfort (La)	448	311	1,021	»	135
Offroicourt	520	306	929	»	214
Rancourt	312	213	577	»	99
Remoncourt	1,233	883	1,452	»	850
Rozerotte-et-Ménil	396	272	645	»	121
They-sous-Montfort	444	300	1,021	»	144
Thuillières	369	219	762	»	150

NOMS DES COMMUNES	POPULATION		SUPER-FICIE du territoire en hectares	DIFFÉRENCE de population	
	en 1856	en 1806		en plus	en moins
Valfroicourt	828	624	1 380	»	204
Valleroy-le-Sec	274	213	587	»	64
Vittel . . . . . , .	1 404	1,683	2,404	279	»
Viviers-les-Offroicourt . .	259	179	452	»	80
Total du canton. .	11,789	9,204	21,447		

Arrondissement de Neufchâteau

(5 cantons, 131 communes)

BULGNÉVILLE

NOMS DES COMMUNES	POPULATION		SUPER-FICIE du territoire en hectares	DIFFÉRENCE de population	
	en 1856	en 1806		en plus	en moins
Aingeville	243	147	577	»	96
Aulnois.	302	243	444	»	59
Auzainvilliers. . . .	356	246	825	»	110
Belmont-sur-Vair. . .	329	205	617	»	124
Bulgnéville.	1,067	941	1,393	»	126
Crainvilliers	612	420	1,045	»	192
Dombrot-sur-Vair . .	545	343	904	»	202
Gendreville, ...	599	324	809	»	275
Hagnéville.	190	127	639	»	63
Malaincourt. . . .	324	198	605	»	126
Mandres-sur-Vair . .	509	335	1,193	»	174
Médonville.	523	305	727	»	218
Morville.	103	62	341	»	41
Norroy	454	285	722	»	169
Outrançourt . . .	100	107	281	7	»
Parey-sous-Montfort. .	387	213	704	6	174
Ronçourt	72	55	212	»	17
Saint-Ouën-les-Parey . .	1,187	955	2,109	»	232
Saint-Remimont . . .	350	210	460	»	140
Saulxures-les-Bulgnéville .	469	421	953	»	48
Sauville.	854	575	1,438	»	279
Surjauville.	578	480	1,344	»	98
Urville	296	165	402	»	131
Vacheresse (La) et la Rouil.	570	321	937	»	249
Vaudoncourt	265	197	567	»	68
Vrécourt	1,038	637	1 246	»	401
Total du canton. .	12,322	8,497	21,433		

NOMS DES COMMUNES	POPULATION		SUPER-FICIE du territoire en hectares	DIFFÉRENCE de population	
	en 1846	en 1896		en plus	en moins
CHATENOIS					
Aouze	688	450	1,120	»	238
Aroffe	319	236	851	»	83
Balléville	398	220	625	»	178
Châtenois	1,634	1.220	1,757	»	414
Courcelles-sous-Châtenois	205	129	233	»	76
Darney-aux-Chênes	118	73	244	»	45
Dolaincourt	199	142	260	»	57
Dommartin-sur-Vraine	471	341	711	»	130
Gironcourt	490	397	748	»	93
Houécourt	808	497	984	»	311
Longchamp-s.-Châtenois	174	113	291	»	61
Maconcourt	289	179	489	»	110
Morelmaison	250	181	548	»	69
Neuveville-s.-Châtenois (La)	547	418	742	»	129
Ollainville	257	184	628	»	73
Pleuvezain	184	126	379	»	58
Rainville	711	414	861	»	297
Rémois	97	60	193	»	37
Removille	608	362	755	»	246
Rouvres-la-Chétive	800	584	1,133	»	216
Saint-Paul	251	185	490	»	66
Sandaucourt	614	457	1,078	»	157
Soncourt	215	171	391	»	44
Vicherey	502	388	588	»	114
Viocourt	352	235	475	»	117
Vouxey	597	374	2,379	»	223
Total du canton	11,778	8,136	18,904		
COUSSEY					
Autigny-la-Tour	537	383	1 562	»	154
Autreville	380	291	1,088	»	89
Avranville	266	211	1,084	»	55
Brancourt	378	257	972	»	121
Chermisey	387	264	1,075	»	123

NOMS DES COMMUNES	POPULATION		SUPER-FICIE du territoire en hectares	DIFFÉRENCE de population	
	en 1346	en 1896		en plus	en moins
Clérey-la-Côte.	188	131	320	»	57
Coussey.	761	623	1,615	»	138
Domremy-la-Pucelle. . .	320	339	899	19	»
Frebécourt.	499	402	1,051	»	97
Fruze	151	99	356	»	52
Gouécourt	109	94	212	»	15
Greux	292	264	801	»	28
Harmonville	462	335	1,485	»	127
Jubainville.	307	194	427	»	113
Martigny-les-Gerbonvaux .	377	317	891	»	60
Maxey-sur-Meuse. . .	567	434	1,077	»	133
Midrevaux.	510	358	1,429	»	152
Moncel-et-Happoncourt. .	311	226	517	»	85
Punerot.	540	404	1,373	»	136
Ruppes	386	338	741	»	48
Saint-Elophe	108	90	275	»	18
Seraumont.	204	111	1,025	»	93
Sionne	583	245	1,179	»	338
Soulosse.	173	98	320	»	75
Tranqueville-Graux (1). .	451	308	1 466	»	143
Total du canton. . .	9,247	6,816	23,244		
LAMARCHE					
Ainvelle.	620	395	903	»	225
Blevaincourt	534	314	875	»	220
Châtillon-sur-Saône. .	712	432	921	»	280
Damblain	939	724	1,325	»	215
Fouchécourt. . . .	356	221	466	•	135
Frain	452	357	754	»	95
Grignoncourt	293	216	541	»	77
Isches	833	589	1,360	»	244
Lamarche	2,029	1,625	3,368	»	404
Lironcourt.	365	229	484	»	136

(1) Le hameau de Graux, qui formait autrefois une commune distincte, a été réuni à celle de Tranqueville, par la loi du 11 juillet 1882.

NOMS DES COMMUNES	POPULATION		SUPER-FICIE du territoire en hectares	DIFFÉRENCE de population	
	en 1846	en 1896		en plus	en moins
Marey	351	190	790	»	161
Martigny-les-Bains	1 346	1,097	2,923	»	249
Mont-les-Lamarche	504	368	710	»	136
Morizécourt	563	325	1,068	»	238
Robécourt	600	309	878	»	291
Rocourt	110	83	186	»	27
Romain-aux-Bois	398	293	814	»	105
Rozières	373	236	478	»	137
Saint-Julien	555	373	1,411	»	182
Senaide	872	734	1,217	»	138
Serécourt	749	485	1,371	»	264
Serocourt	475	273	1,105	»	202
Thons (Les)	611	406	1,009	»	205
Tignécourt	615	370	1,897	»	245
Tollaincourt	467	329	1,226	»	138
Villotte	641	420	821	»	221
Total du canton	16,363	11,393	28.901		

NEUFCHATEAU

NOMS DES COMMUNES	en 1846	en 1896	SUPER-FICIE	en plus	en moins
Attignéville	715	501	1,459	»	214
Barville	324	217	845	»	107
Bazoilles	569	400	2,119	»	169
Beaufremont	392	256	898	»	136
Brechainville	252	161	1,420	»	91
Certilleux	216	192	1,586	»	24
Circourt	377	312	1.006	0	65
Etanche (L')	85	53	212	»	32
Fréville	220	181	644	»	39
Grand	1,292	1 070	3,643	»	222
Harchéchamp	301	174	741	»	127
Houéville	219	110	321	»	109
Jainvillotte	340	213	747	»	127
Landaville	724	420	1,310	»	304
Lemmecourt	108	73	183	»	35
Liffol-le-Grand	1,607	1,852	3,391	245	»

NOMS DES COMMUNES	POPULATION		SUPER-FICIE du territoire en hectares	DIFFÉRENCE de population	
	en 1846	en 1896		en plus	en moins
Mont-les-Neufchâteau . .	344	435	1,151	91	»
Neufchâteau	3 760	4,164	258	404	»
Noncourt	356	438	828	82	»
Pargny-sous-Mureau. . .	453	321	1,796	»	132
Pompierre	505	385	1,242	»	120
Rebeuville	460	365	853	»	95
Rollainville.	412	304	590	»	108
Rouceux	930	2,544	1,223	1,614	»
Sartes	320	194	677	»	126
Tilleux	171	136	379	»	35
Trampot	353	288	1,300	»	65
Villouxel	230	144	460	»	86
Total du canton. . .	16 035	15,903	30,282		

Arrondissement de Remiremont

(4 cantons, 40 communes)

PLOMBIÈRES

NOMS DES COMMUNES	POPULATION		SUPER-FICIE du territoire en hectares	DIFFÉRENCE de population	
Bellefontaine	2,580	1,656	3,911	»	924
Granges-de-Plombières. .	1 410	1,212	1,730	»	198
Plombières-les-Bains . .	1,469	1,869	52	400	»
Ruaux	1,242	994	924	»	218
Val-d'Ajol (Le) . . .	7,040	7,339	8,179	928	»
Girmont Val-d'Ajol (Le) (1)		629	3.499		
Total du canton. .	13.741	13 699	18,295		

REMIREMONT

NOMS DES COMMUNES	POPULATION		SUPER-FICIE du territoire en hectares	DIFFÉRENCE de population	
Cleurie	458	416	1,106	»	42
Eloyes	1,200	2,049	1,251	849	»
Faucompierre	197	162	245	»	35

(1) Le Girmont, qui faisait partie de la commune du Val-d'Ajol, a été érigé en commune par décret du 16 décembre 1869. Il renfermait alors 850 habitants.

NOMS DES COMMUNES	POPULATION		SUPER-FICIE du territoire en hectares	DIFFÉRENCE de population	
	en 1846	en 1896		en plus	en moins
Forge (La).	361	307	472	»	54
Jarménil	522	526	509	4	»
Pouxeux	1,392	1,704	1,438	312	»
Raon-aux-Bois	2,014	1,412	2,405	»	602
Remiremont	5,430	10,479	1,568	5,049	»
Saint-Amé.	672	1,205	806	533	»
Saint-Etienne. . . .	1,420	3,156	3,439	1,736	»
Saint-Nabord	2,550	1,845	3 899	»	705
Syndicat (Le). . . .	1,082	1,094	1,823	12	»
Tendon.	1,291	886	2,185	»	405
Tholy (Le).	1,389	1,281	2,303	»	108
Vecoux	2,405	1,105	1,390	170	»
Dommartin-les-Remirem. .		1,130	3,499		
Total du canton. .	22,383	28,757	26,948		
SAULXURES					
Basse-sur-le-Rupt . . .	930	1,133	1,373	203	»
Bresse (La).	3,295	4,560	5,799	1,265	»
Cornimont.	3,052	5,328	4,023	2,276	»
Gerbamont.	568	324	969	»	244
Rochesson	984	1,032	2,150	48	»
Sapois	948	794	1,691	»	154
Saulxures	3,581	3,420	3,166	»	161
Thiéfosse	680	678	762	»	2
Vagney	3,367	2,866	3,226	»	501
Ventron.	1,403	1,469	2,449	66	»
Total par canton. .	18,781	21,604	25,608		
THILLOT (LE)					
Bussang.	2,282	2,607	2,763	325	»
Ferdrupt	1,068	1,211	1,460	143	»
Fresse	1,654	1,864	1,829	210	»
Ménil (Le).	1,658	1,329	2,041	»	329

NOMS DES COMMUNES	POPULATION		SUPER-FICIE du territoire en hectares	DIFFÉRENCE de population	
	en 1846	en 1896		en plus	en moins
Rupt.	4,390	4,373	6,015	»	17
Saint-Maurice-sur-Moselle .	2,095	2,790	3,700	695	»
Thillot (Le)(1).	3,121	3,203	1,497	1,549	»
Ramonchamp.		1,470	3,074		»
Total du canton. . .	16,301	18,847	22,379		

Arrondissement de Saint-Dié

(8 cantons, 91 communes)

NOMS DES COMMUNES	POPULATION		SUPER-FICIE	DIFFÉRENCE	
BROUVELIEURES					
Belmont.	543	380	846	»	163
Biffontaine.	599	602	888	3	»
Bois-de-Champ	378	321	1,769	»	57
Brouvelieures.	540	441	736	»	99
Domfaing	341	245	390	»	96
Fremifontaine.	667	418	955	»	249
Mortagne	665	442	2,242	»	223
Poulières (Les)	315	297	298	»	18
Rouges-Eaux (Les) . . .	426	326	594	»	100
Vervezelle	127	93	192	»	34
Total du canton. . .	4,601	3,558	8,890		
CORCIEUX					
Arrentès-de-Corcieux (Les)	759	588	1,700	»	171
Aumontzey.	257	395	337	138	»
Barbey-Seroux. . . .	627	389	732	»	238
Champdray.	826	433	946	»	393
Chapelle (La).	1,332	955	2,023	»	377
Corcieux	1,709	1,509	1,740	»	200
Gerbépal	1,377	1,068	1,918	»	309
Granges.	2,369	3,689	2,964	1,320	»

(1) Le Thillot, qui était une section de Ramonchamp, a été constitué en commune par décret du 30 juin 1860.

NOMS DES COMMUNES	POPULATION		SUPER-FICIE du territoire en hectares	DIFFÉRENCE de population	
	en 1846	en 1836		en plus	en moins
Herpelmont	387	300	556	»	87
Houssière (La)	926	803	1,955	»	123
Jussarupt	557	465	657	»	92
Rehaupal	560	423	470	»	137
Vienville	293	238	338	»	55
Total du canton	11,979	11,255	16,336		
FRAIZE					
Anould	2,654	3,127	2,423	473	»
Ban-sur-Meurthe	1,830	1,260	3,179	»	570
Clefcy	712	542	1,543	»	170
Croix-aux-Mines (La)	1,691	1,496	1,679	»	195
Entre-deux-Eaux	746	624	847	»	122
Fraize	2,536	3,905	1,325	1,369	»
Mandray	1,460	1,221	1,236	»	239
Plainfaing	3,851	5,322	8,859	1,471	»
Saint-Léonard	1,047	1,142	1,433	95	»
Valtin (Le)	565	405	2,152	»	160
Total du canton	17,092	19,044	19,876		
GÉRARDMER					
Gérardmer	5,814	7,407	8,649	1,593	»
Liézey	840	540	1,327	»	300
Total du canton	6,654	7 947	9,976		
PROVENCHÈRES-S.-FAVE					
Beulay	174	142	240	»	32
Colroy-la-Grande	1,259	1,079	1,186	»	180
Grande-Fosse (La)	724	472	679	»	252
Lubine	889	704	1,484	»	185
Lusse	1,556	1,300	1,949	»	256
Petite-Fosse (La)	364	263	504	»	101
Provenchères-sur-Fave	713	910	727	197	
Total du canton	5,679	4,870	6,769		

NOMS DES COMMUNES	POPULATION		SUPER-FICIE du territoire en hectares	DIFFÉRENCE de population	
	en 1846	en 1896		en plus	en moins
RAON-L'ÉTAPE					
Allarmont	813	660	1,319	»	153
Celles	1 707	1,655	2,001	»	52
Etival	1,792	2,470	2,711	678	»
Luvigny	490	349	394	»	141
Neuveville-les-Raon (La)	1,268	2,360	773	1,092	»
Nompatelize	688	503	691	»	185
Raon-l'Etape	3,579	4,441	1,599	862	»
Raon-sur-Plaine	686	466	354	»	220
Saint-Remy	912	544	1,226	»	368
Vexaincourt	560	413	1,144	»	147
Total du canton	12,495	13,861	12,212		
SAINT-DIÉ					
Bertrimoutier (1)	146	291	372	145	»
Bourgonce (La)	810	559	1,657	»	251
Coinches	384	310	569	»	74
Combrimont (1)	589	235	474	»	354
Frapelle	282	238	455	»	44
Gemaingoutte	357	252	395	»	105
Laveline	2,148	2,079	2 644	»	69
Lesseux	222	192	294	»	30
Nayemont-les-Fosses	509	515	892	6	»
Neuvillers-sur-Fave	401	303	512	»	98
Pair-et-Grandrupt	369	336	459	»	33
Raves	246	237	401	»	9
Remomeix	306	226	473	»	80

(1) En 1846, les hameaux de Bonipaire, Layegoutte et Combrimont formaient une commune distincte, sous le nom de Bonipaire et Layegoutte (589 hab.) et la commune de Bertrimoutier ne comprenait que le hameau de ce nom (146 habit.).

L'arrêté présidentiel du 21 juillet 1848 a créé la commune de Combrimont et en a distrait les sections de Bonipaire et Layegoutte, pour les réunir à la commune de Bertrimoutier.

Ainsi se trouvent expliquées les différences de population constatées aujourd'hui.

NOMS DES COMMUNES	POPULATION		SUPER-FICIE du territoire en hectares	DIFFÉRENCE de population	
	en 1846	en 1836		en plus	en moins
Saint-Dié	8,782	21,396	4,596	12,614	»
Sainte-Marguerite.	326	597	556	271	»
Saint-Michel-sur-Meurthe	1,527	1,223	1,554	»	304
Salle (La)	666	439	471	»	227
Saulcy-sur-Meurthe	1 245	1,523	1,637	278	»
Taintrux	2,065	1,766	3,159	»	299
Voivre (La).	602	532	584	»	70
Wisembach	1,286	953	1,129	»	333
Total du canton.	23,268	34 202	23 283		
SENONES					
Ban-de-Sapt.	1,524	1,137	2 266	»	387
Belval	389	418	685	29	»
Chatas	358	221	555	»	137
Denipaire	501	335	702	»	166
Grandrupt	510	330	611	»	180
Hurbache	658	465	993	»	193
Ménil (Le)	508	399	722	»	109
Mont (Le)	282	213	401	»	69
Moussey.	1,330	2,039	2 909	709	»
Moyenmoutier.	2,595	4.479	3.420	1,884	»
Petite-Raon (La).	881	1,721	897	840	»
Puid (Le)	418	327	542	»	91
Saint-Jean-d'Ormont	290	244	530	»	46
Saint-Stail	462	258	621	»	204
Saulcy (Le).	701	1,054	987	353	»
Senones.	2,583	4 121	1,877	1 538	»
Vermont (Le)	405	223	441	»	182
Vieux-Moulin	322	406	389	84	»
Total du canton.	14,717	18,390	19,578		

Contraste insuffisant ou
différent, mauvaise qualité
d'impression

Under-contrast or different,
bad printing quality